EL BARCO DE VAPOR

Pupi y los verderolos

María Menéndez-Ponte

Ilustraciones de Javier Andrada

sm

Cayetana Bullejos 2ºA

www.literaturasm.com

Primera edición: febrero 2012
Tercera edición: agosto 2012

Dirección editorial: Elsa Aguiar
Coordinación editorial: Paloma Muiña

Impresores, 2
Urbanización Prado del Espino
28660 Boadilla del Monte (Madrid)
www.grupo-sm.com

ATENCIÓN AL CLIENTE
Tel.: 902 121 323
Fax: 902 241 222
e-mail: clientes@grupo-sm.com

ISBN: 978-84-675-5431-1
Depósito legal: M-4119-2012
Impreso en la UE / *Printed in EU*

A Lucas Díaz Bastida,
que va a ser un gran artista,
y a su hermano Martín,
que es tan optimista y tan risueño como Pupi,
para que se sigan queriendo tanto.

Los niños, asomados al estanque, otean los peces cuando, de repente, el agua empieza a hacer unas extrañas ondas concéntricas de color dorado.

–¡Hala, qué dibujos tan lindos!
–exclama Rosy.

–¿Quién los está haciendo?
–pregunta Blanca mirando alrededor.

–Son las antenas de Pupi
–dice Nachete, que ha observado
sus movimientos circulares.

Pupi está muy concentrado recibiendo un mensaje telepático.

–Callaos, que es un *masaje* del Ecoplanet; me tengo que *centrifugar*.

–¡Es de Aloe, es de Aloe! –gritan todos.

Aloe es una verderola
que Pupi conoció en una visita al Ecoplanet
y con la que viajó de vuelta a la Tierra.
Pero, al aterrizar, ella no pudo resistir
la alta dosis de contaminación,
y su cuerpo se llenó de verrugas.
Por eso, Pupi se la tuvo que llevar
de vuelta a su planeta.

–¿Va a venir?
¿Ha encontrado ya la cura para su alergia?
–le pregunta Blanca impaciente.

–Chiiist –dice Bego–.
¿No ves que no le dejamos concentrarse?

El botón de Pupi se ha vuelto morado.

–¡*Coscorro*, *coscorro*! ¡Aloe en *pepinillo*, su flauta se ha *podrido*!

–¡Vaya chorrada perder una flauta!
–exclama Coque–.
Yo he perdido un montón de cosas
y no pasa nada.
Te compran otra, y ya está.
–Eso a ti, que eres un mimadito
–le echa en cara Blanca.

–Además, ¿no te acuerdas de que la flauta de Aloe es mágica? Nos lo dijo Pupi –le recuerda Bego.

–Es insustituible –comenta Nachete.

–¡Qué lástima! –exclama Rosy–. Ahora no podrá sanar los árboles y las plantas...

–¡Cataclás, cataclás, al Ecoplanet irás!
–grita Pupi de repente.

Entonces, su nave se pone a brillar.
Es la señal de que está lista
para partir de viaje,
y los niños se suben en ella.

Como Pupi ya conoce el camino,
no tardan en llegar.

–¡Hala, qué verde está todo!
–exclama Bego impresionada.
–Sí, qué planeta tan lindo,
es verde fosforito –corrobora Rosy.

Pero apenas lo pisan,
reciben tal bofetada de oxígeno
que les provoca un ataque de euforia.
Los niños se ríen y gritan como locos.

Una patrulla de verderolos,
montados en sus pedaldós,
acude al oír sus gritos
y los rodean apuntándolos con sus pistolas.

–¡Socorro, nos quieren matar! –gritan los niños asustados.

–1 decibelio + 1 decibelio = 2 multas por delito de acústica contaminación –les teledicen, a la vez que les muestran una señal en la que se ve claramente que está prohibido gritar.

Como los niños no tienen antenas, no saben lo que los verderolos han dicho, y Pupi se lo traduce:

–Nos han *ponido* dos multas por *contaminción cústica*.

–¿Contaminación acústica? –se extraña Bego.

–Es que aquí no se *pode* gritar, lo aprendí en el ecolegio.

–¡Yo no quiero que me maten, quiero ir con mi mamáaa! –grita Coque.

–Que no grites, Coque.
¿No has oído a Pupi?
–le susurra Rosy asustada.

–No te van a matar, Coque;
son despistolas –lo tranquiliza Pupi.

Pero eso no los tranquiliza nada.
Al contrario.

–Es que las pistolas sirven para matar, Pupi –le recuerda Bego.

–Pero no son pistolas, Bego; son despistolas –le aclara Pupi.

–¿Y para qué sirve una despistola?
–pregunta Nachete,
que tiene mente científica.

–Para descontaminar
–le responde Pupi.

–Yo no estoy contaminado,
que me he duchado –protesta Coque.

Pero, antes de que haya terminado la frase, los verderolos les han lanzado una descarga de descontaminación, que los envuelve en una nube verde y se evapora a los pocos segundos.

Aún no se han recuperado del susto,
cuando los verderolos
vuelven a sacar otra señal y les teledicen:

–1 multa + 1 multa = 2 multas
por vehículo inapropiado y mal aparcado.

Naturalmente, Pupi es el único
que puede entenderlos.
Pero esta vez no les replica,
porque ya sabe cómo funcionan
las cosas en el Ecoplanet.
Y se resigna a que cubran su nave
con una funda de tejido ecológico.

–¡Eh, que es de Pupi! –salta Coque indignado.

–No te *puercupes*, Coque, que solo la están *requesando* –le responde él.

–¿Te la van a requisar? –le pregunta Bego preocupada.

–¿Qué es requisar? –quiere saber Nachete.

–Es cuando las autoridades te quitan algo y se lo quedan –le explica ella.

–¿No nos la van a devolver?
–pregunta Blanca preocupada.

–Sí, nos la *devolven* cuando nos vayamos –le responde Pupi–. Aquí solo se *pode* viajar en pedaldós.

–¡Vaya porra de planeta!
–protesta Coque–. ¡Vámonos a la Tierra!

Pero enseguida cambia de opinión, cuando los verderolos le dan un pedaldós a cada uno.

–¡Qué guay! Son como los del circo. ¿Nos los podemos quedar?

Los verderolos, sin dar explicaciones, los hacen subir en ellos y los llevan escoltados.

Todos están bastante asustados, excepto Coque, que está encantado con su nuevo juguete.

Al principio les cuesta mantener el equilibrio y van haciendo eses, pero, después de un trecho, consiguen dominarlo.

–¿Dónde está Aloe?
–les telepregunta Pupi.

Ellos no le responden.

Pupi piensa que no le han entendido e insiste:

–Pregunta 1 + pregunta 2 =
¿Dónde está Aloe Z2?

Pero ellos continúan haciendo oídos sordos y escoltándolos.

Pupi se empieza a poner nervioso.

Sus amigos contemplan preocupados su botón morado y sus antenas, que giran cada vez más rápido.

–Pupi, ¿qué te pasa?
–le pregunta Blanca.

–¡*Coscorro, coscorro*,
tienen *secretostada* a Aloe!
No quieren decirme dónde está.

–¿Secuestrada? –pregunta Bego,
que casi se cae del susto
y del vendaval que están levantando
las antenas de Pupi.

Los verderolos, que son peso pluma, salen despedidos de sus pedaldós y van a parar a las ramas más altas de un árbol.

–¡Vámonos *pirradísimo*!
Tenemos que *desecretostarla*.

–No, vámonos a la Tierra
–se opone Coque–. ¿Qué nos importa
que haya perdido su flauta?
¡Que se aguante!

–¡Qué *egotista*!
¿No ves que está en *pepinillo*?
–le recrimina Pupi.

–¿Te gustaría que se portaran así contigo?
–le dice Blanca.

En vista de que nadie lo apoya,
Coque se tiene que aguantar.
Pupi sugiere ir al ecolegio
a ver si está allí;
se acuerda perfectamente del camino.

Cuando llegan,
los verderolos están jugando en el recreo:
saltan setas de distintos tamaños,
trepan a los árboles y se lanzan en lianas,
disparan sus despistolas a unos arbustos,
hacen equilibrios por unos troncos...
Son unos juegos asombrosos.

Pero lo que más les asombra
es el silencio que los envuelve.
No se oyen sus voces,
y sus risas parecen muecas congeladas.
Nada que ver con su recreo.
¡Menudos gritos se oyen
cuando están en el patio!

Los seis amigos
se cuelan dentro del edificio
y van inspeccionando, una por una,
todas las aulas sin encontrar a Aloe.
Luego suben unas escaleras
y descubren un laboratorio
que los deja con la boca abierta.

En él se encuentran
los artilugios más estrambóticos
que uno pueda imaginar:
microscopios como pulpos,
con tentáculos que terminan
en enormes ojos,
un cachivache con aspas
que giran en todos los sentidos,
pipetas con líquidos
que cambian de color...

Nachete está emocionado.
De buena gana,
los niños se habrían quedado a curiosear
todos esos artefactos.
Pero tienen que encontrar a Aloe
antes de que regresen los verderolos.

Coque se queda rezagado.
No está dispuesto a marcharse
sin llevar consigo alguno de esos artilugios.
¡Anda que no va a fardar en el colegio!

Sin tiempo para decidirse,
acaba cogiendo
una especie de trompeta con ventilador
y se la guarda en el bolsillo.

–¡Vamos, tenemos que seguir buscando! –los apremia Pupi.

Pero, cuando están llegando a la entrada, se detiene en seco.

–Esperad –les dice.

–¿Qué pasa? –quiere saber Coque.

Pupi le hace un gesto para que se calle. Sus antenas acaban de interceptar un mensaje muy preocupante de la patrulla de verderolos:

1 SOS + 1 SOS = 2 contratiempos: 1 azuloide peligroso y 5 terrícolas en acción.

El botón de Pupi se ha puesto rojo.

–¿Qué te pasa, Pupi? –le pregunta Rosy.

–Está aquí la patrulla de verderolos, y dicen que soy *pepinilloso*.

Coque, al oírlo,
también se pone rojo hasta las orejas y dice:

–Yo no he robado nada.

–¿Qué has cogido, Coque?
–le pregunta Blanca,
que lo conoce muy bien.

–Es que no me dio tiempo
a ponerlo en su sitio –explica sacando
el artilugio de su bolsillo.

Justo en ese instante,
la patrulla irrumpe en el colegio.

Coque, del susto,
aprieta inconscientemente
un mecanismo que tiene el cachivache,
y los verderolos se quedan
congelados al instante,
como estatuas de hielo.

–¡Qué pasote!
–exclama, asombrado por el invento.

–¡Hala, los has *neverizado*!
–exclama Pupi.

–Se dice «congelado» –le corrige Bego.

–¿Y no da lo mismo una nevera que un congelador? –le replica Pupi.

Pero Nachete les recuerda que no hay tiempo que perder. Los seis se marchan corriendo de allí.

Pupi los conduce por veredas
llenas de florecillas de todos los colores.
También caminan por una garganta
repleta de buganvillas
y atraviesan un túnel de glicinias
que desemboca en un laberinto
formado por setos.

¡Cómo les habría gustado
detenerse para jugar
y disfrutar de una naturaleza
tan bella y bien cuidada!
Pero tienen que cumplir una misión.

También pasan por una explanada con arbustos de boj podados con formas de animales.

–¡Qué lindo es todo esto! –exclama Rosy extasiada.

Pero Pupi sigue corriendo sin descanso.

Al final,
escondido en una arboleda
de sauces llorones,
descubren un tubo muy ancho de cristal.

–¡Mirad! ¡Ahí está Aloe!
–exclama Pupi excitado.

–Pero ¿cómo vamos a entrar?
No hay puerta ni ventanas
–razona Nachete.

–Esperad. Aloe me está dando la clave. Hay que dar tres golpes con el pie en ese círculo –dice Pupi señalándolo.

Blanca sigue sus instrucciones, y el tubo de cristal se levanta en el acto.

–¡Aloe, qué alegría verte! –exclaman los niños.

–Hemos venido a *desecretostarte* –le teledice Pupi.

Aloe le telecuenta a Pupi
que alguien se ha llevado su flauta mágica
y, al no saber utilizarla,
ha provocado un auténtico caos en el huerto.
Pero los verderolos creen que ha sido ella
y por eso la han encerrado.

–1 ciruela + 1 ciruela = 2 cazuelas.
1 manzana + 1 manzana = 2 ranas.
1 limón + 1 limón = 2 kilos de algodón
–le informa.

Los niños no se enteran
del mensaje telepático,
pero se quedan impresionados
con lo que ven:
de los ciruelos cuelgan ¡cazuelas!,
y de los manzanos, ¡ranas!...
Y en vez de limones hay ¡algodones!…
Nunca han visto un huerto tan original.

De pronto,
el botón de Pupi se pone tan rojo
como los tomates del huerto,
y echa a correr detrás de un polvillo dorado.

–¡*Marisopita* mala,
devólvele a Aloe su flauta!
–grita antes de tirarse en plancha
para capturar a la ladrona.

Pero no es una mariposa,
sino un hada diminuta,
y parece muy asustada.
Tiene un fresón en cada mejilla
y bate nerviosa sus alas
levantando una gran cantidad
de polvillo dorado.

–¡Ay, ay, ay!
Ya decía yo que esto no funcionaba.
Mil perdones. Es que soy tan despistada...
Creía que era mi varita mágica.
¡Ay, ay, ay!
Si se enteran las otras hadas,
me cantarán:

Mira al Hada Merengada,
¡qué desastrada!
En lugar de hacer ciruelas,
hace cazuelas.
Las sandías son cuadradas,
pero ¡qué raras!
Cuando quiere hacer manzanas,
le salen ranas.
Tirorirorirorí, tirorirorirorá.
¡Qué barbaridad!

Pupi, al comprender
que no lo ha hecho con mala intención,
le dice:
–Bueno, Hada Merengada,
no te *puercupes*,
ya veo que estás muy *repentina*.
–Sí, arrepentidísima.
Siento el estropajo que he hecho;
perdón, el estropicio.
Bueno, me marcho, que se me hace tarde.

–Ay, qué linda hada,
no te vayas todavía –le ruega Rosy,
que siente pasión por las hadas.
En su casa siempre se pone unas alas
que su madre le compró.

–Me tengo que ir
–dice el hada muy apurada–.
Pero venid un día a mi país
y os invitaré a camisones.
Huy, qué digo, a melocotones.

Aloe, feliz de haber recuperado su flauta,
se pone a tocarla.

–¡Qué sonidos tan dulces!
–exclama Rosy maravillada.

Pero aún les maravilla más
ver cómo la música
hace que las cazuelas se transformen
en jugosas ciruelas moradas,
y los camisones,
en unos apetitosos melocotones...

Cuando todo ha vuelto a su ser,
Aloe los acompaña hasta la nave
y les entrega a cada uno
un trébol de cuatro hojas inmenso,
como regalo de agradecimiento.

–1 gratitud + 1 gratitud = 2 gracias: Aloe salvada y flauta encontrada –les teledice.

–¡Hala, qué potra voy a tener! –chilla Coque, emocionado con su trébol.

–Chist, calla. ¿Quieres que venga la patrulla y nos ponga otra multa? –le advierte Blanca.

–¡Qué pena que Aloe no pueda venir con nosotros! –dice Bego.

Pupi le traslada su deseo a Aloe
y ella le asegura que irá pronto,
en cuanto encuentre el remedio
para evitar su alergia.

Pero deben irse ya,
porque sus antenas le están alertando
de que hay peligro:

–1 SOS + 1 SOS = 2 patrullas en camino.

–Adiós y adiós
–les teledice Aloe muy nerviosa.

–¡Adiós, Aloe!
¡Ven pronto a nuestro planeta!
–se despiden los niños.

–1 *quesito* + 1 *quesito* = 2 *quesitos*
con mucho amor
–dice Pupi lanzándole besos.

Ella, por su parte,
les envía un mensaje en una nube verde:

1  + 1  = 2 ecobesos

con mucho amor.

–¡Aloe quiere a Pupi!
¡Aloe quiere a Pupi!
¡Son novios, son novios!
–se pone a gritar Coque.
–¡Chínchate una piña
y cómete una rabiña!
–le responde él sin apurarse nada.
Y es que los azuloides
no tienen ni una pizca de vergüenza.

TE CUENTO QUE MARÍA MENÉNDEZ-PONTE...

... afirma que donde mejor se siente es en la naturaleza. Cuando era pequeña se pasaba el día jugando en el jardín de casa de sus abuelos, lleno de frutales. Sus primas y ella se ponían moradas de manzanas, peras, ciruelas y uvas. Aunque luego las regañaban porque, a la hora de comer, no tenían hambre. Les gustaba saltar de árbol en árbol sin tocar el suelo, y cada una tenía su árbol favorito, al que nadie podía subirse sin pedir permiso y decir la contraseña. El de María era un plátano gigantesco desde donde contemplaba la ría, imaginaba montones de historias y vivía aventuras fabulosas ella sola. También fabricaron un columpio con dos cuerdas y una tabla de madera, entre dos árboles. Les gustaba balancearse con fuerza y saltar al suelo cuando estaban muy arriba. Eran sus entrenamientos para ser paracaidistas o astronautas en medio de un alunizaje.

María Menéndez-Ponte nació en A Coruña. Ha escrito más de 300 composiciones entre cuentos y novelas para niños y jóvenes. En 2007 recibió el Cervantes Chico, uno de los premios más prestigiosos de literatura infantil y juvenil.

¿QUIERES LEER MÁS?

PUPI Y SUS AMIGOS VIAJAN POR EL ESPACIO PARA VIVIR NUEVAS AVENTURAS. ANÍMATE CON **PUPI TIERRA A LA VISTA** si quieres leer otra historia en la que nuestro amigo azuloide recorre el universo y visita un montón de planetas.

PUPI TIERRA A LA VISTA
María Menéndez-Ponte
MIS AMIGOS DE EL BARCO DE VAPOR

LOS BATAUTOS, como los verderolos, son seres extraños y divertidos que dan mucha importancia al medio ambiente y respetan la naturaleza. Si quieres conocerlos más a fondo, anímate con este libro.

LOS BATAUTOS
Consuelo Armijo
EL BARCO DE VAPOR, SERIE AZUL, N.º 91

EN **LAS HADAS VERDES** CONOCERÁS LA ENTRAÑABLE HISTORIA DE DIANA, una niña que, como Pupi y sus amigos, conoce a un hada que le hará vivir aventuras singulares.

LAS HADAS VERDES
Agustín Fernández Paz
EL BARCO DE VAPOR, SERIE AZUL, N.º 94

SI A TI TAMBIÉN TE PREOCUPA EL MEDIO AMBIENTE Y TE INTERESA CONOCER EL MODO DE PROTEGER LOS MARES, LAS SELVAS Y LOS ANIMALES, no dejes de leer este libro.

CUIDA TU PLANETA
Jean-Michel Billioud
MI MUNDO, N.º 33